中国儿童核心素养培养计划

课后半小时

小学生阶段阅读

文化基础 ✕ 自主发展 ✕ 社会参与

科学态度

科学也有副作用？

010

课后半小时编辑组 ■ 编著

北京理工大学出版社
BEIJING INSTITUTE OF TECHNOLOGY PRESS

核心素养之旅
Journey of Core Literacy

中国学生发展核心素养，指的是学生应具备的、能够适应终身发展和社会发展的必备品格和关键能力。简单来说，它是可以武装你的铠甲、是可以助力你成长的利器。有了它，再多的坎坷你都可以跨过，然后一路登上最高的山巅。怎么样，你准备好开启你的核心素养之旅了吗？

文化基础

科学基础

第 1 天 万能数学 〈数学思维〉
第 2 天 地理世界 〈观察能力 地理基础〉
第 3 天 物理现象 〈观察能力 物理基础〉
第 4 天 神奇生物 〈观察能力 生物基础〉
第 5 天 奇妙化学 〈理解能力 想象能力 化学基础〉

科学精神

第 6 天 寻找科学 〈观察能力 探究能力〉
第 7 天 科学思维 〈逻辑推理〉
第 8 天 科学实践 〈探究能力 逻辑推理〉
第 9 天 科学成果 〈探究能力 批判思维〉
第 ❿ 天 科学态度 • 批判思维

人文底蕴

第 11 天 美丽中国 〈传承能力〉
第 12 天 中国历史 〈人文情怀 传承能力〉
第 13 天 中国文化 〈传承能力〉
第 14 天 连接世界 〈人文情怀 国际视野〉
第 15 天 多彩世界 〈国际视野〉

自主发展

学会学习

第 16 天 探秘大脑 〈反思能力〉
第 17 天 高效学习 〈自主能力 规划能力〉
第 18 天 学会观察 〈观察能力 反思能力〉
第 19 天 学会应用 〈自主能力〉
第 20 天 机器学习 〈信息意识〉

健康生活

第 21 天 认识自己 〈抗挫折能力 自信感〉
第 22 天 社会交往 〈社交能力 情商力〉

社会参与

责任担当

第 23 天 国防科技 〈民族自信〉
第 24 天 中国力量 〈民族自信〉
第 25 天 保护地球 〈责任感 反思能力 国际视野〉

实践创新

第 26 天 生命密码 〈创新实践〉
第 27 天 生物技术 〈创新实践〉
第 28 天 世纪能源 〈创新实践〉
第 29 天 空天梦想 〈创新实践〉
第 30 天 工程思维 〈创新实践〉

总结复习

第 31 天 概念之书

中国儿童核心素养培养计划

课后半小时 小学生阶段阅读

文化基础 ✕ 自主发展 ✕ 社会参与

010

FINDING 发现生活

做正确的事

客观来说，科学为我们带来了方方面面的改变，但这些改变看起来有好有坏……

1928 年，科学家弗莱明偶然发现了青霉素，此后，更多的抗生素被开发出来，帮助我们治愈了很多细菌导致的疾病，延长了人类的整体寿命。然而，随着我们对抗生素不加节制的使用，越来越多的细菌对抗生素呈现出耐药性，这使我们不得不继续加大抗生素的用量，如此恶性循环下去，最终就会"培育"出抗生素难以杀死的"超级细菌"，对人类健康造成巨大威胁。

1934 年，科学家成功实现了核裂变，人工制造出威力巨大的核能，这些能量可以应用于各种工业领域，以及我们熟悉的核电站。然而，1945 年，美国成功研制出第一颗原子弹，核能成了一种破坏性巨大的武器，给人类社会带来了很多灾难，成了威胁和平的存在。

由此可见，科学的发展往往也隐藏着潜在的危险，但我们未必可以及时发现。可别觉得这些事和你毫无关系，毕竟，你现在的生活中，其实也有很多科学引起的"副作用"……

1973 年，人们成功制造了第一部手机。伴随着激烈的商业竞争，各种各样的手机如雨后春笋一样出现，不仅便利了人们的沟通交流，还为生活带来了很多趣味。到现在，智能手机已经高度普及，成了人类社会不可分割的"一份子"。人们每天都把手机带在身边，一定程度上甚至成了手机的附庸，手机成了沉迷网络、睡眠不好、社交焦虑、颈椎疾病等各种生活困扰的来源，威胁着人们的健康状态。

纵观过去、现在和未来，科学已经带来和可能带来这么多的负面影响，你觉得我会说什么呢？"科学是天然的坏家伙，对人类有巨大的威胁"吗？当然不是！其实如果你能仔细阅读我的叙述，就会发现，这些科学的"副作用"大多与人们的使用方法有关！如果我们不滥用抗生素，如果我们不使用核武器，如果我们控制对手机的依赖……那所谓的"副作用"将不复存在！想想你看过的那些电影和动画吧，同样的一个道具，反派会抢去破坏世界，而主角只会用它来造福世界！这也是我在这本书中想要告诉你的：世界上很多事物的存在都是中性的，但我们可以做出自己的选择，那就是——做正确的事。

想一想，如果所有的科学成果都可以只被用在正确的位置上，世界会变得多美好！

尹传红
中国科普作家协会副理事长，科普时报社社长

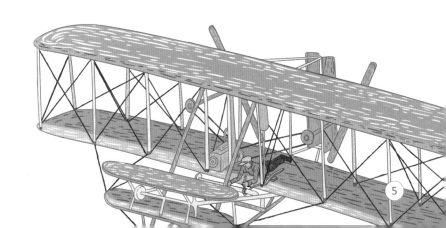

科学家如何看待核武器？

撰文：硫克

碎！

发现生活 FINDING

1945 年 7 月，美国成功研制出原子弹，紧接着在 8 月先后向日本的广岛和长崎投下了两颗原子弹，给这两个城市带来了毁灭性的灾难。1945 年 8 月 15 日，日本宣布无条件投降，世界人民赢得了反法西斯战争的胜利，但是原子弹带来的影响依然存在。

　　原子弹是核武器的一种，通过原子内部的反应产生巨大的能量，威力巨大。当初美国之所以研制原子弹，主要是担心法西斯国家率先掌握核武器，导致严重的后果。1939 年，爱因斯坦曾写信给时任美国总统的罗斯福，建议美国研制原子弹。如今，原子弹不仅研制成功，甚至投入战争使用，其他科学家们又怎么看呢？

　　我现在最大的感想就是后悔，后悔当初给罗斯福总统写信……我当时是想把原子弹这一罪恶的杀人工具从希特勒手里抢过来，想不到现在又让它落到了其他战争里……

阿尔伯特·爱因斯坦
曾写信给罗斯福，建议美国研制原子弹；质能方程 $E=mc^2$ 是研制原子弹的理论基础。

　　如果原子弹被一个好战的国家用于扩充军备，或被一个准备发动战争的国家用于武装自己，那后果不堪设想……我诚挚地呼吁全世界人民团结起来，否则人类就将毁灭自己！

　　正是由于我的发现，原子弹才得以被发明，我应该对这十几万人的死亡负责……我为自己的科学发现所带来的严重后果而感到惊恐，如今这些惊恐变成了现实，我不停地谴责自己……

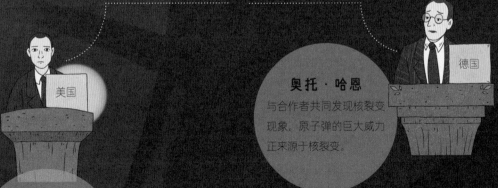

奥托·哈恩
与合作者共同发现核裂变现象。原子弹的巨大威力正来源于核裂变。

罗伯特·奥本海默
美国原子弹计划的首席科学家，主持研制原子弹，被称为"原子弹之父"。

　　可以说，科学家们大都反对将核武器应用于战争，甚至有人认为自己应该为核武器造成的死伤负责，他们也许会终身背负着罪恶感生活。现在请你思考一个问题，科学家研究核能，有错吗？科学的发展，有错吗？

与疾病战斗

撰文：硫克
美术：贺俊丹

① 预防为先

在回答问题之前，我们不妨先去了解一些科学发展的历史，看看科学到底是不是个"大恶人"。

18世纪有一种肆虐全球的疾病，叫作天花。天花的传染性和死亡率都很高，但那时候的医疗水平很低，导致人们大量死亡。但有一点值得注意：一个人只要感染过一次天花，痊愈后就终生不会再患这种病了——这给人们提供了预防天花的思路。

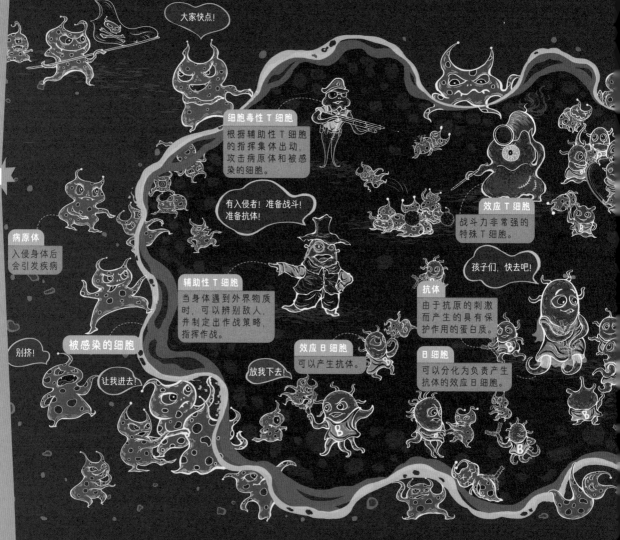

病原体第一次入侵细胞

为什么接种过牛痘的人，在患过轻微的天花后，就不会再患天花了呢？因为身体一旦接触过同样的病原体，就会针对它产生抗体，这种抗体能够在以后抵抗同种病原体的侵入。

18 世纪末，一位名叫詹纳的英国医生在牧场工作，那时候牧场里的奶牛经常会患一种叫作牛痘的疾病，这种疾病可以传染给人，挤奶工就是易染人群。牛痘的症状与轻微的天花的症状很相似，神奇的是，詹纳发现所有患过牛痘的人都没有患过天花。1796年，詹纳从一个挤奶工的手上取出牛痘痘疮中的物质，注射给了一个八岁的小男孩。小男孩患了牛痘，并很快康复。詹纳又给他注射了天花痘疮中的物质，如詹纳所料，小男孩没有患天花。这就是牛痘接种法的发明。后来，詹纳将这种方法无私地传播给全世界，帮助人们完全克服了天花。

抗原
会使生物体内产生抗体。

记忆细胞
在记忆细胞存在期间，当抗原再次来袭，记忆细胞可以直接快速地增殖分化成效应 B 细胞，分泌抗体，阻止抗原入侵。

吞噬细胞
能够吞噬病原体，并将其杀死。

我们有专门对付你们的武器！

就是它们！

第二次感染

外形长角……

记忆细胞
记住病原体的特征，防止二次感染。

抗体

记忆细胞

病原体第二次入侵细胞

记忆细胞可以在身体内存在很久，有的几个月，有的几十年，而针对天花的记忆细胞可以终身存在，所以接种过牛痘的人以后都不会再患天花了，这种情况就叫作免疫，类似牛痘的病原体就叫作疫苗。利用抗体的特性，人们发明了很多用于预防重大疾病的疫苗，比如狂犬病、白喉、破伤风疫苗。

② 寻找病因

在疾病发生之前先做预防，这真是一步妙招！但遗憾的是，并非所有疾病都能及时预防，而且有的疾病甚至可以传染！这就需要我们搞清楚生病的根源和机制，进而寻找对付疾病的方法。恰好这时候，细胞学说得到了发展，人们对微生物也有了一定的认识，科学家们对病因的探寻也快有结果了……

曾经，有医生发现，在医院分娩的女性会大批因为某种疾病死去，在家里分娩的女性却很少得这种病。当医生们开始用强化学溶液洗手后，得这种疾病的人明显减少了很多。不过，他们并不知道这是怎么回事。

直到法国科学家巴斯德发现疾病是可以传染的，并且是由寄生的微生物引起的，他将这种微生物称为细菌。

因为细菌是单细胞生物，所以细菌的身体构造就是一个细胞的构造。

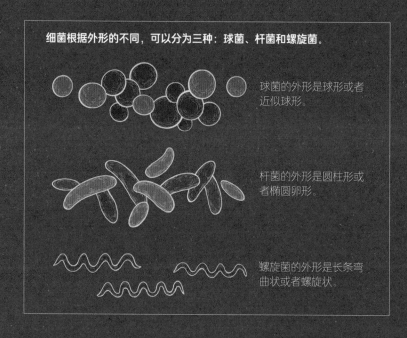

细菌根据外形的不同，可以分为三种：球菌、杆菌和螺旋菌。

球菌的外形是球形或者近似球形。

杆菌的外形是圆柱形或者椭圆卵形。

螺旋菌的外形是长条弯曲状或者螺旋状。

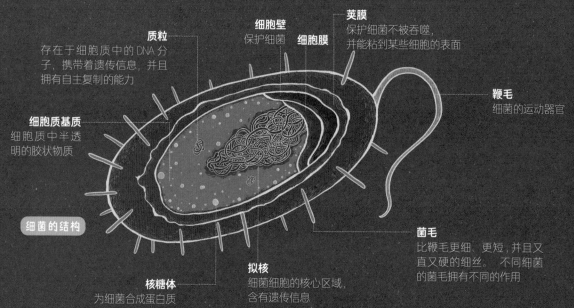

细菌的结构

质粒
存在于细胞质中的 DNA 分子，携带着遗传信息，并且拥有自主复制的能力

细胞壁
保护细菌

细胞膜

荚膜
保护细菌不被吞噬，并能粘到某些细胞的表面

鞭毛
细菌的运动器官

细胞质基质
细胞质中半透明的胶状物质

核糖体
为细菌合成蛋白质

拟核
细菌细胞的核心区域，含有遗传信息

菌毛
比鞭毛更细、更短，并且又直又硬的细丝。不同细菌的菌毛拥有不同的作用

会给生物体带来疾病的物质除了细菌，还有一种更加微小的东西，叫作病毒。1898 年，一位荷兰科学家在研究烟草花叶病的病原体时，发现并命名了病毒，但他认为病毒是液体。直到 1935 年，美国科学家斯坦利才带领人们看清了病毒的真正面貌，那是一种比细胞还小的微粒。

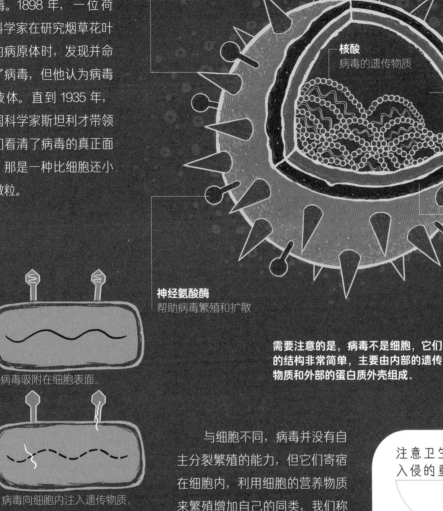

病毒的结构

衣壳
病毒的蛋白质外壳，用来包裹病毒的遗传物质

血凝素
生物体的细胞中也有血凝素，所以病毒外围的血凝素能够让细胞误认为是营养物质，从而寄生到细胞里

核酸
病毒的遗传物质

脂包膜
病毒最外层的包裹结构

神经氨酸酶
帮助病毒繁殖和扩散

病毒吸附在细胞表面。

病毒向细胞内注入遗传物质。

病毒的遗传物质进入细胞内。

病毒利用细胞的营养物质繁殖新病毒。

新病毒利用神经氨酸酶切断自身与这个细胞的联系，然后扩散到各处去侵袭其他细胞。

需要注意的是，病毒不是细胞，它们的结构非常简单，主要由内部的遗传物质和外部的蛋白质外壳组成。

与细胞不同，病毒并没有自主分裂繁殖的能力，但它们寄宿在细胞内，利用细胞的营养物质来繁殖增加自己的同类，我们称这个过程为"增殖"。

注意卫生是防止病毒入侵的重要方法哦！

病毒不能独立生存，必须寄生在细胞中，所以防止病毒入侵是最容易也最有效的疾病预防方法。

上 下 求 索 ● E X P L O R A T I O N

③ 打败细菌

随着对细菌研究的深入，人们不但发现了各种各样的细菌，也查清了这些细菌能够导致什么样的疾病，幸运的是，人们后来便发现了细菌的天敌——抗生素。

目前发现的抗生素已经有上万种，不同的抗生素通过不同的方式杀死细菌。不过总体来说，抗生素杀菌就是针对细菌细胞中存在，而人体细胞内不存在或与其不同的结构来起作用的。

然而，从20世纪40年代开始，人们过分依赖抗生素强劲的抗菌效果，出现了滥用抗生素的情况，这种情况在中国尤其严重。滥用抗生素的后果就是使细菌产生了抗药性，所以如果下次再患上同样的疾病，就不得不使用更强的抗生素，而这又会使细菌产生更强的抗药性，恶性循环下去，最终会产生所有抗生素都无法控制的超级细菌。

有的抗生素可以增强细菌细胞膜的通透性，使细菌内部的有用物质流出来。

由于人体细胞没有细胞壁，有的抗生素可以阻止细菌形成细胞壁，使细菌膨胀破裂，青霉素就属于这种。

有的抗生素可以抑制细菌合成 DNA，导致细菌无法繁殖。

由于细菌的核糖体与人体的核糖体不同，有的抗生素可以抑制只存在于细菌核糖体中的某些物质，从而阻止细菌合成蛋白质。

现在，你需要停下来，想一想，科学家们不该研制出抗生素吗？还是说，抗生素没有问题，但人们不该滥用抗生素？

撬起地球的力量

撰文：一喵师太　美术：Studio Yufo

如果你对科学的性质产生了怀疑，那不妨先放自己一马，放松下来读一读这个故事。

想要搬起很重的东西，不一定需要很大的力气。只要用上"杠杆原理"，就能轻轻松松地把石头运走了。

喊，这不就是一块石头和一根木棒吗？我不信。

当然了！别小看它们，它们可有撬动地球的力量！

我是不是碰到了一个吹牛大叔……

这可不是吹牛，这叫作"杠杆原理"。让一根硬棒围绕一个固定的支点转动，就是一个最简单的杠杆。

杠杆的支点把木棒分成了两部分，从支点到动力一端的部分叫作"动力臂"，从支点到阻力一端的部分叫作"阻力臂"。只要有了这两条"手臂"，就可以撬动石头啦。

可是，杠杆也不会自己动，它是怎么帮我撬动石头的呢？

动力臂

支点

阻力臂

主编有话说

古希腊科学家阿基米德曾经说过："给我一个支点，我可以撬起地球。"阿基米德意在用这种夸张的比喻，来表达杠杆原理的"威力"。

撬地球太危险了，我只是随便说说，大家不要尝试哦！

阿基米德

感觉怎么样？对于用科学办法轻松解决问题的故事还满意吗？同类型的故事相信你以前也读过不少吧！这次我就不卖关子了，其实，用科学解决问题的故事屡见不鲜，也侧面说明了科学对我们的生活有很大的帮助，给我们提供了很多便利。

试管里诞生的孩子

撰文：硫克
美术：王婉静 等

科学还有别的作用吗？有的。科学在各个领域都竭尽全力帮助人们，而成果也都非常喜人，比如说，利用一些生物技术，科学甚至可以帮我们"创造人类"。

有的人因为身体出了问题，生殖系统罢工了，无法正常受精和生育。

飞行者一号

方向舵
可以改变飞行方向

滑翔时的起落架

收起的起落架

起落架
飞机起飞和降落时用来支撑和停放的装置。现代飞机的**起落架**带有轮子，轮子是可收放的，放下时用于在机场跑道滑翔。在飞行时收起轮子，可以减少空气阻力

驾驶舱
飞行员在这里驾驶飞机。现代飞机的飞行员可不需要趴着驾驶飞机了

升降舵
可以控制飞机在空中的升降。现代飞机的升降舵一般与方向舵一起构成飞机的尾翼

机翼
为飞机提供升力，将机翼增大是莱特兄弟发明飞机的关键想法之一

上天去!

撰文：硫克

科学可以帮我们实现梦想，比如，在天空中翱翔的梦想。1903 年，美国莱特兄弟的自制飞机——"飞行者一号"试飞成功，开启了人类的航空之旅，标志着飞机时代的来临。"飞行者一号"也是人类历史上第一架真正意义的飞机。

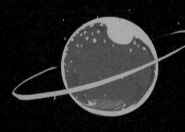

科学也帮助我们实现了进入太空的梦想。1903 年，科学家提出了火箭运动方程式，解决了火箭的理论问题，这个方程式一直指导着火箭的设计和制造，直到现在。从 1926 年，世界上第一枚液体火箭诞生，到如今 2023 年，火箭已经成为我们去往太空的最常用、最便捷且唯一的交通工具，不过，你知道火箭到底是什么样子吗？

整流罩 保护火箭上的"乘客"不受有害环境的影响。

卫星 这是要被送入太空的"乘客"。

仪器舱 这里集中安装控制系统和其他系统的仪器和设备。仪器舱往往都在火箭前端，因为距离发动机比较远，振动较小，可以保护仪器和设备。

三级火箭

箱间段的用途 可以安装一些仪器或设备，常常用来安置安全自毁系统的爆炸装置。

二、三级间段 二级火箭与三级火箭一般采用冷分离的方式分开。分离时，二级火箭先脱离，两级火箭再分开。

三级发动机

二级箱间段 二级燃料箱和二级氧化剂箱中间的连接段。

发动机 不利用外界空气的喷气发动机。

二级火箭

二级发动机

助推器 捆绑在一级火箭上的小型火箭发动机，帮助火箭迅速发射。

一、二级间段 一级火箭与二级火箭一般采用热分离的方式分开。分离时，二级火箭先点火，两级火箭再分开。

一级火箭

一级箱间段 一级燃料箱和一级氧化剂箱中间的连接段。

尾段 火箭被竖立在发射台上时，这里起到很重要的支撑作用。

尾翼 尾翼可以帮助火箭稳定飞行，但不是所有火箭都有尾翼。

一级发动机

科技引导未来

撰文：硫克

科技从诞生一路发展到现在，为我们的生活提供了各种各样的便利，更重要的是，科技完全颠覆了我们的生活！哥伦布不会相信人类能登上月球，诺贝尔也无法想象原子的威力远高于炸药。到了近代，科技的发展速度越来越快，并且朝着更快的趋势大步向前。试想一下，如果科技持续勇往直前，未来会走向何方？生活在当下，几乎人人都听说过"大数据"这个词，也就是巨大的、海量的数据。当你在使用网络的时候，你用键盘敲打的每一个字、转发的每一条消息及图片、购买的每一件商品都可能成为大数据的一部分，反过来说，正是因为网络的普及，才使收集海量的数据成为可能。

科技引导着未来的形态，但发展科技的终究是我们自己，我们掌握着与科技相处的主动权，只要我们能合理、规范地发展和使用……

大数据虽然有了，但如何有效地利用它也是个难题。想象一下，如果你有 1000 双袜子，在这其中找到想穿的那双必然需要花点时间。

现在的人工智能，无论是会讲笑话的小机器人，还是打败围棋冠军的阿尔法围棋（AlphaGo），都还属于弱人工智能，它们能做的事很有限。

未来势必会得到发展的另一项技术是人工智能。简单来说，人工智能就是人类自己创造出的智能，这种智能尤其体现在自我学习方面。

人工智能会不断地学习并改进自己，拥有智能思维，就像我们通过不断学习来提升自己一样。

那么，在茫茫的"数据海洋"中找到有用的那条数据需要多久呢？运气好的话，也许只需要一天，运气不好的话，恐怕需要五年、十年，甚至几十年。显然，想从大数据中快速又准确地抽出自己想要的数据，就需要更加庞大、先进的计算设备，但我还有一种更"节能"的方法：云计算。

大数据需要一个储存它的巨大容器，这个容器就是云计算的网络存储功能，而管理这些数据也离不开云计算。一台计算机的能力是有限的，但如果同时用多台计算机一起工作，运算效率就会高得多。我们现在把这些计算机都联网设置好，让其他地方的人也能通过网络远程操控这些计算设备，就实现了简单的云计算。

伴随着互联网的发展，现在的"云"已经具有相当大的规模，有些公司的云计算已经拥有了100多万台服务器，能够为用户提供前所未有的计算能力。

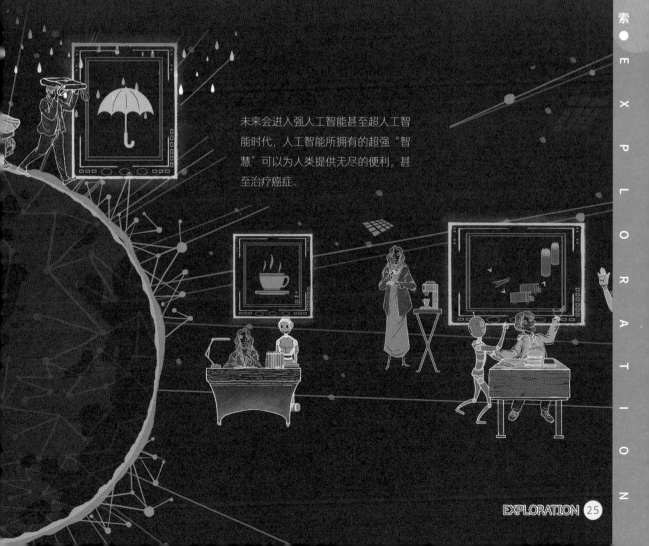

未来会进入强人工智能甚至超人工智能时代，人工智能所拥有的超强"智慧"可以为人类提供无尽的便利，甚至治疗癌症。

生物武器包括细菌类、病毒类、生化毒剂类等，比如能导致人感染天花的天花病毒、能导致中毒的波特淋菌、能导致人感染霍乱的霍乱弧菌。

可怕的生物武器

撰文：硫克　　美术：王婉静 等

生物技术大多时候被用来造福人类，但也有极少部分例外——有人利用这些技术生产出了生物武器。

科技改变消费体验

撰文：豆豆菲
美术：王婉静 等

随着科技的发展，现在我们"买买买"的途径也有了更多选择。你可以去实体商店进行线下消费，也可以通过互联网在线上消费。

线下消费还有个好处，那就是熟客有优惠。如果你经常
去一家店买东西，老板可能会给你打折哦！

网络大数据可以记录人们的消费足迹，
根据人们的浏览信息来推荐相似的商
品。然而，等网络购物平台了解了你
的消费习惯后，就会把之前的优惠悄
悄取消，这就是大数据"杀熟"。

主编有话说

你平时买东西，更喜欢去线下还是线上呢？有没有
遇到过大数据"杀熟"的情况？我可是深受其害呢！

科学的副作用

撰文：硫克　美术：王婉静 等

环境污染很大程度上是因为传统能源会释放大量污染环境的废气、废水等，所以，人们一直在努力寻找新的、清洁的能源……

利用风的力量带动巨大的风扇转动，可以把风能转化成机械能，并且不会排出任何污染环境的物质。

1 风能

2 水能

水流从高处流到低处也蕴含着丰富的能量，所以我们建造了很多大坝来充分利用这种能量。

3 太阳能

太阳也是能量的宝库，并且取之不尽、用之不竭，将这种能量收集起来加以利用，也是目前最常见的清洁能源之一。

除了国家和集体的努力，我们每个人也可以尽自己所能，在日常生活中养成一些环保习惯，为大自然的恢复出一份力。

1 绿色出行

我们可以尽量选择不排放二氧化碳和其他废气的方式出门，步行、骑自行车都是很好的选择，而且可以顺便锻炼身体哦！

2 垃圾分类

不要乱扔垃圾，并且要将各种垃圾分门别类，放进不同的垃圾箱，这样更方便对垃圾进行回收和集中处理。

3 节约资源

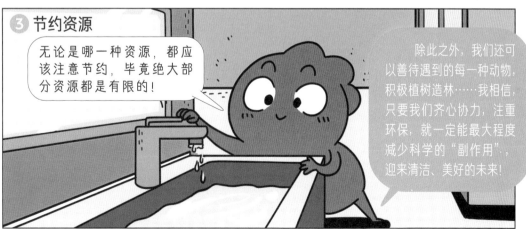

无论是哪一种资源，都应该注意节约，毕竟绝大部分资源都是有限的！

除此之外，我们还可以善待遇到的每一种动物，积极植树造林……我相信，只要我们齐心协力，注重环保，就一定能最大程度减少科学的"副作用"，迎来清洁、美好的未来！

THINKING 头脑风暴

选一选

01 疫苗的防护作用离不开体内的（　）能记住病原体的特征。

A. 吞噬细胞

B. 效应 B 细胞

C. 记忆细胞

02 （　）不是由细胞构成的。

A. 细菌

B. 单细胞生物

C. 病毒

八年级 生物

03 科学家弗莱明偶然发现的抗生素是（　）。

A. 青霉素

B. 红霉素

C. 氯霉素

五年级 科学

04 天平实际上是（　）。

A. 省力杠杆

B. 费力杠杆

C. 等臂杠杆

八年级 物理

05 现代飞机用（　）控制飞机在空中的上升和下降。

A. 升降舵

B. 方向舵

C. 起落架

06 火箭发射后，首先分离的是 ＿＿＿＿ 。

07 你输入的每一个字、你发出的每一条消息、你购买的每一件商品等，都可能成为 ＿＿＿＿ 的一部分。

08 什么是大数据"杀熟"？你有没有遇到过？

09 除了大力开发新能源，现阶段的你可以为环境保护做些什么？

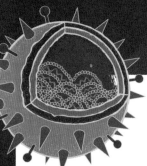

名词索引

头脑风暴答案

1C 2C 3A 4C 5A

6 助推器　　　　7 大数据

8 网络平台了解消费者的消费习惯后，会把某些优惠悄悄取消，这就是大数据"杀熟"。

9 包括但不限于：积极配合垃圾分类、节约用水、节约用电、绿色出行……

致谢

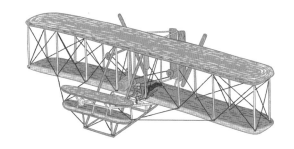

《课后半小时 中国儿童核心素养培养计划》是一套由北京理工大学出版社童书中心课后半小时编辑组编著，全面对标中国学生发展核心素养要求的系列科普丛书，这套丛书的出版离不开内容创作者的支持，感谢米莱知识宇宙的授权。

本册《科学态度 科学也有副作用？》内容汇编自以下出版作品：

[1]《生命的一天》，北京理工大学出版社，2019 年出版。

[2]《好奇心时报》，电子工业出版社，2019 年出版。

[3]《进阶的巨人》，电子工业出版社，2019 年出版。

[4]《物理江湖：力大侠请赐教！》，北京理工大学出版社，2022 年出版。

[5]《这就是生物：生物技术的魔法时刻》，北京理工大学出版社，2022 年出版。

[6]《这就是生物：地球生态需要保护》，北京理工大学出版社，2022 年出版。

[7]《经济学驾到：消费中的那些事》，电子工业出版社，2022 年出版。

[8]《超级工程驾到：电世界的超能力——特高压输电技术》，北京理工大学出版社， 2022 年出版。

图书在版编目（CIP）数据

课后半小时：中国儿童核心素养培养计划：共31册/
课后半小时编辑组编著. —— 北京：北京理工大学出版社, 2023.5
　　ISBN 978-7-5763-1906-4

　　Ⅰ.①课…　Ⅱ.①课…　Ⅲ.①科学知识—儿童读物
Ⅳ.①Z228.1

中国版本图书馆CIP数据核字(2022)第233813号

出版发行／北京理工大学出版社有限责任公司
社　　　址／北京市海淀区中关村南大街5号
邮　　　编／100081
电　　　话／（010）82563891（童书出版中心）
网　　　址／http://www.bitpress.com.cn
经　　　销／全国各地新华书店
印　　　刷／雅迪云印（天津）科技有限公司
开　　　本／787毫米×1092毫米　1／16
印　　　张／83.5
字　　　数／2480千字　　　　　　　　　　　　　责任编辑／封　雪
版　　　次／2023年5月第1版　2023年5月第1次印刷　　文案编辑／封　雪
审　图　号／GS（2020）4919号　　　　　　　　　　责任校对／刘亚男
定　　　价／898.00元（全31册）　　　　　　　　　责任印制／王美丽

图书出现印装质量问题，请拨打售后服务热线，本社负责调换